가을 인생

가을 인생

강우식 짧은시집

계간문예

| 시인의 말 |

더 할 말이 없다.
살아온 인생 씻을 길 없이 부끄러워
시로 풀어 본다.

2018년 새봄을 기다리며
果山老人 강우식

■ 목차

삶을 느끼고 깨닫는 가을 아침 같은 일상들,

가을 인생

가을

시인 두보가 해진 무릎으로
심심 산골짝을 기며 도토리를 줍던 가을이다.
북의 형제들은 소식줄 끊긴 지 오래고
가늘게 떨며 우는 녹물 밴 휴전선 철조망
버섯구름 핵폭발의 수심 속
소슬한 산하의 나뭇잎들도 초록 옷이 바래졌다
헌 소매 끝자락 쥐듯
한 잎 낙엽으로 가을이 매달려 있구나
울자. 사람살이로 어찌 살고 어찌 죽어야할지
이 가을을 뼈마디 시리도록 울자.

고향

외지에서 병 얻어 떠돌다 집에 오니 반쯤 나은 것 같다.
내 한 목숨 다하여 고향에 가면 그 죽음 또 편안하리.

가을 인생

언젠가는 우리들 인생에도
가을이 오는 것은 누구나 알고 있다.
뿌리 깊은 나무도 봄에 어차피 떨어질 새싹 틔어
가을이면 미련 없이 지지 않느냐.
이것이 세상만물의 오묘한 순리다.
사자 입 속에 맡긴 생살 한 점의 목숨일지라도
사람이 되어 마구 허투로 살지 마라.
멀고 먼 친척 같은 초승달 하나. 그 서슬에 목이 시리다.
다람쥐가 도토리 알밤 숨기듯
저승의 어느 길목에 파릇한 초록 싹 하나 묻어 두자.

기린

아프리카 밀림에서는 입에 풀칠하기 어려워 먹이를 찾아
도시로 나와 상하역 철제 크레인 되어 사역하며 서 있다.

감

아궁이에 불을 지펴야 할 가을 저녁이다.
벽옥 하늘에 여편네의 안반짝 같은 감이 붉다.

개밥

냄비에 명태 대가리를 넣고 푹 삶아서는
개밥에도 우선 순위가 있어
개를 먼저 주고 그 나머지를 내가 먹었다.
피는 꽃도 지는 꽃도 소리 소문 없듯이
늘 시끄럽기만 하던 세상이
개밥 먹는다고 사람 취급 안해서인가
너무 고요하다. 나는 그 무심이 너무 편안해
어느 양지 바른 담장 밑에 앉아 해바라기하며
그래도 인두겁을 쓴 몸뚱이 제 살이라고
살점이 비치는 낡고 해진 누더기 인생옷을 깁는다.

게

깝대기를 벗기고 벗기며
탐닉하는 섹스처럼 살을 맛보기 위해 정신이 없는,
잘 나가다 옆으로 새는 여자들의 수다 앞에
게 한 마리를 놓는다. 깝대기 까느라고 천지가 조용하다.

겨울 산

눈 내려 옥양목보다 더 흰 산 하나 갖고 싶다.
꽃의 색이나 향기에 빠지더라도 흔들리지 않는
차갑고 하얗게, 가슴이 얼은 마음 산으로 있고 싶다.
어차피 우리들 삶이란 그대와 나
스스로가 얽매는 것이 좋아서 이어온 길이였거늘
이즈막엔 연鳶 자새 풀리듯 해혼解婚까지 허다반하니
한번 결혼하면 끝까지 간다는 옹골진 맛이 사라졌다.
수정같이 차고 흰 뼈대를 세운 만년설 옹고집의
겨울 산 하나를 마음 산으로 모시고 싶다.

경춘가도

해오라기는 푸름을 차며 강 따라 하얗게 날아가고
안개구름은 초록 산그늘 밑으로 잦아들어
하늘이 초가지붕만큼이나 낮아졌다.
저 해오라기 날갯짓 하다 강물에 발 담그는 곳에
나도 물에 드리운 초록 산 그림자 한 자락 깔고 쉬어가리.

고래

하늘이라는 또 하나의 바다에 뜬 꽃구름 따러
고래는 푸른 등이 휘도록 아스라이 포말을 일으킨다.
울산 하늘에서는 고래가 비행선처럼 뜬 것을 봤다.

곤쟁이

사는 터전인데 바다보다 넓은들 겁나랴.

공기

고요하던 공기가 허파를 부풀린다. 소리가 터진다. 물방울 튄다. 새벽 풀섶 이슬눈물이다. 맑디맑은 나뭇잎 소리가 난다. 사람들 소리다. 소리 사냥꾼이란 말을 들어 보셨는지요. 세바스찬 바흐는 아무것도 없는 무에서 무엇이든지 있는 공기를 붙잡아 바닷속 미역 잎처럼 흔들리는 음악을 만들었다.

꿈

작은 씨앗이 초록 눈 떠 잎 피고 열매 맺듯이
가슴에 꿈을 가지려면 씨앗의 꿈을 품어야 하리.

그늘

가을이 아니더라도 나뭇잎들은
알게 모르게 자연으로 한잎 두잎 떨어지고
내 나이 비슷한 느티나무 그늘에 앉아
폭염 식히며 그늘의 시원함을 배운다.

나무가 그러하듯이 사람도
큰 나무처럼 그늘을 가져야 하리.
그래야 이웃도 깃들리.

꽁치秋刀魚

1
꽁치를 먹고 나니 가을이 개짐 한 장으로 비리다.

2
꽁치라는 이름의 꽁은 너무나 꽁생원 같아
은빛 배가 빛나도록 뒤집어
운치韻致의 '운'이 되려 해도 헛수고다.
쌍기역이 아무리 물구나무서도 'ㄴ'은 되지 못한다.
그래서 맛좋고 영양가 있는데도
면천免賤 못한 '치'자 팔잔가?

꽁치를 먹을 때마다
칠전팔기 '치'자 팔자 좀 고치려 해도
죽을 때까지 손금 고대로 천격賤格인 내 인생.

꽃

1
사랑이라는 이름의 꽃으로 내 곁에 서는 걸 보면
여자들은 가슴에 다 꽃 한 송이씩 갖고 있다.

2
꽃을 보면서도 꽃 아닌 남 보는 듯 헌다.
언제 내 인생에 꽃 볼 날이 있었던가.

3
유수인생 나도 꽃보고 꽃도 나보고 이 첩첩 무인 산중에
꽃아! 늙은이래도 나 아니면 어이 사람 꼴 구경이나 하랴.

4
꽃 중에 가장 예쁜 꽃은 빨리 손때 타게 마련이고
그러면 다시 그 꽃 무더기에 출중한 꽃이 피는 건 필연이다.

그릇

그릇의 젠 체 하는 까다로움에 물은 늘 모른 체 가서 안긴다. 그릇도 물이 가진 부드러움에는 어쩔 수 없이 지고 만다. 하지만 그릇은 태생부터 나름의 변치 않는 고집과 오랜 전통의 품위를 지니고 있다. 그릇의 생김에 따라 맛도 다르다. 그처럼 사람 됨됨이도 그릇 보고 따졌다.

단풍

절정일 때 생애의 끝자락을 불사르고 죽으리라.

그것도 못 채우고
– 황금찬 사백

백수를 못 채운 것은 시인이니까
여백을 좀 남기려고 그러하였다 쳐도
이 봄날 경천동지하도록
꽃들도 저들끼리 놀라도록 화들짝 폈는데
지상의 마지막 길,
일생 간구해 온 하나님을 아무리 뵙고 싶더라도
꽃으로 도배한 산하 길이었으면 좋았을 텐데
참 오랜 세월 살아왔으면서
단 며칠 밤 자면 꽃 지천 그것도 못 채우고…
가시긴 가더라도 핀 꽃이나 보고 가시지.

다도해

몇 점 다도해 같은 구름이 물 흐르듯 떠다닌다.
그렇다. 나도 젊어 한때는 사랑에 푸른 물들어
다도해 크기의 꽃들을 달고 둥둥 떠다닌 적 있다.

노을

1
대기권을 진입하는 우주선처럼 생명 노을이 불탄다.

2
독거노인 하나님의 저녁식사 준비 칼질은 늘 서툴러서
열 손가락이 핏빛으로 성할 날이 없으시다.

마트료시카

일생 아들만 열두 명 낳은 내 어머니 자궁 같은
사람 속에서 사람을 만드는 생산 공장이다.

그리움

1
사람은 오래 살수록 그리운 것들이 더 많아지나 봅니다.
아직도 나에겐 이 지상에 그리운 것이 너무 많습니다.

2
그토록 가지고 싶었는데
바람처럼 손에 잡히지는 않고
손에서처럼 마음에서 다 바람나서
어디론가 휘발해 버린
그리고는 돌아오라 해도
영영 올동말동하면서 속만 태우는
오늘도 내일도 모레도 영영 그러한
그토록 가지고 싶었는데

뭉게구름

저 하늘은 여름이 초봄인 양
온통 피어오르는 매화 꽃밭이다.

늦가을

블루진 빛 서늘한 가을하늘에
연등처럼 매달려 있던

홍시들은 다 어디 갔는지
꽃등 보듯이 하늘도 한 번 더 봤는데

하늘만 빈 게 아니라
가슴도 서운하게 비어서
울먹하게 젖어 있다.

노인

사람도 늙으면 새가 되어 간다.
머리도 깜박깜박 새대가리가 되어 가고
팔다리도 새 졸가리가 된다.
저승길도 새처럼 가볍게 갈 수 있다는 거
슬프게도 잘된 일이다.

노인 냄새

나만 모르고 살지 나도 알면 내가 나와 못 살겠지.
사람이 사람을 싫어하는, 죽음의 산송장 냄새가 풍기는
삶이 늙고 썩어 휘발해야만 또 다른 시詩가 되겠지.

독신

어디든 혼밥 먹고 직장 가며
득시글대는 이유가 있어야 될 거 아니겠는가.
무지기 속옷 입은 여자와 살아 본 나와
무명 속옷을 입은 여자도 못 만난 그대라면 다르지.
독수공방인 나는 여자와 살아본 감각 감정이 있어도
세상에서 가장 불행한 사람이 홀몸 팔자라 여긴다.
자궁 하나만으로도 훌륭한 여자 어디든 찾으면 구하리니.
남자든 여자든 홀로서기는 인간을 포기하는 것이다.
예수도 석가도 인간으로서는 불행한 사람들이다.

눈 잎

눈이 아무리 많이 내려도 눈 잎 한 잎 한 장
소중한 추억일 때는 녹아 사라진다고 생각지 말고
책갈피에 곱게 끼운 꽃잎처럼 가슴에 묻어 두자.

눈

1
눈은 하늘의 텅 빈 고요가 빚은 실물 색이다.
너무 꽉 찬 빛이어서 조용히 비어 있다.
그 고요 속에 구름 같은 절 한 채 짓고 싶다.

2
천언 만어. 다른 말이 무엇 필요하랴.
그 눈길 위에 서면 내 여든 가까운 나이인데도
어릴 때처럼 가슴에는
그저 하얗게 그리운 것들이 가득 있어도
왠지 줄 것은 다 때 묻고 더러워져
하나같이 내 것 아닌 것처럼 느껴진다.
눈길 위에 서면 새삼 부끄러워지는 마음이여,
그래도 그리운 것들을 그리워하며*
지향 없이 마냥 걷고만 싶어지는 눈길이여.

* 미당의 '푸르른 날' 에서

3

눈이 내리면 그리워 자꾸 자꾸 옛날로 돌아갑니다.
그 옛은 잊히지 않는 추억으로 채워진 저장창고입니다.

4

당신은 느닷없이 와서
문지방에 쌓입니다.
여자는 고인이 되고 방은 차디찹니다.
온기 없는 사랑이 이러할까요.
눈길에 파묻혀 길을 잃었는지
새 여자는 찾아도 없습니다.
있어도 소용없습니다.
그저 조용히 내리는 눈 속
하얀 슬픔이고 싶기 때문입니다.

눈물

1
눈물도 고이 접어 가며 애절히 우는 여자를 보면
내 여자가 아니더라도 감싸 안아 주고 싶다.
보석에도 붙인 이름 클레오파트라의 눈물.

2
자고로 왕이 속고 역사가 속아 온 눈물이다.
노랑 리본을 단 세월호 아픔도 이용한 이 없었겠는가.
자신을 위해 짜내는 눈물도 거짓일 때가 있다.
알고도 속아 울고 모르고도 속아 우는 것이 눈물이다.

3
아이처럼, 아무개는 걸핏하면
운다고 비아냥거리는 사람이 있었다.
아무리 신파더라도 눈물이 없다면 인간인가.
사람은 울 때 울어야 한다.
눈물은 긍휼과 같은 것이니까.
눈물은 사랑과 같은 것이니까.

4

한 잔 술에 취해 처형의 전화를 받다
그대를 내 손 놓고 떠난 매정한 사람이라고 푸념했다.
아내여 그대는 새삼 메마른 일흔 살
백발의 흰 머리칼 갈대꽃으로 젖어 흐르며
가을 강에서 그대로 울고 나도 하염없이 젖게 만드누나.
코스모스처럼 흔들리며 눈물로 가을 시를 쓰게 하누나.
남들은 아내 먼저 저승 보내고 의지가지없이
이 기막힌 세상 모두 어떻게들 마음 달래며 사나
쓸쓸히 바람에 휘몰리며 남들 사는 것 안 보고 살아온
내가 어찌 할 바를 몰라서 남들은 한다.
팔자가 눈물이구나.

달콤한 행복
– 소설가 정호 누님

평생 이북 고향 얘기 소설로 풀면서도 외로움이 깊었나,
모임 때면 늘 양과자를 사와 돌리셨다. 말은 없었지만
잠시 모든 걸 잊고 달콤한 행복을 같이 나누고 싶었나 보다.

동격

사람이 사랑이다. 사랑이 사람이다.
ㅁ과 ㅇ의 차이이지만 ㅁ이 ㅇ을 닮으려 하는지
ㅇ이 각 세워 ㅁ이 되려는지
서로가 가진 모서리나 둥근 것을 깎아
각지거나 둥글게 하나가 되려는 흡입이 있다.
어느 때인가는 사람이나 사랑이나
서로가 끌고 당기는 동격임을 알 것이다.

딸

딸이 생겼다고 정말 하나님께 감사드린 적이 있다.
그 아이 시집가서 못살아서 송곳 가슴인데
못사는 것이 행복하게 사는 것인 듯
봄날의 햇살처럼 맑고 밝은 민낯이어서 너무 고맙다.

동백꽃

동박새 울음 따라 초록 잎 돋고
백년손처럼 떠돌던 그대도 돌아와
꽃이 되는 알싸하고 향긋한 봄날.

마음 점

겨우내 눈사람처럼 하얗게 얼었다
어느 새 스르르 녹아 사라진
영영 희디흰 이별이었던 여자.

마음에 낀 기미는 기미인 채
봄이면 철쭉꽃처럼 붉어라.

동해북부선

푸른 수첩 같은 첩첩 물결의
바다를 끼고 지날 때면 열차도 파도를 타듯이
배처럼 출렁거렸다.

달

사랑하는 소녀에게
난생처음으로 밤새 쓴 기인 긴 연애편지를
수줍게 건네주던 스무 살 무렵
청년학도의 은근히 달 뜬 얼굴.

매미

장맛비 그치자 팽팽히 당기는 폭염의 햇살 줄.
째 앵 쟁 매미가 초록 실줄 힘껏 당겼다 튕긴다.
폭포의 물줄기보다 더 시원한 마음을 말리는 소리다.

물소리

바위같이 견고한 얼음장 속으로 물이 흐른다.
들어서 아는 소리와 안 듣고도 아는 소리가 있다.
그 소리는 들어서 아는 소리가 아니다.
사람과 사람 사이에도 소리가 없어도
마음으로 들어서 아는 견고한 물소리가 있다.

달빛

달빛이 교교皎皎하게만 흐르는 줄 알았는데
교巧, 교敎, 교交, 교校, 교較…
내가 아는 한자의 모든 교자로 흐른다.

무소유

컴퓨터에 쓰레기 파일들이 산처럼 쌓인다.
무소유란 내 몸 비우듯이 파일들을 파하고
휴지통에 버린 것마저 영구삭제하면
기계도 감응해서 부처 마음 되는 그런 것이다.
컴퓨터를 통해서 무소유를 깨친다면 웃을까.

메콩강 개구리

개굴개굴 콜록콜록 개굴개굴 콜록콜록 고국은 멀고
1월의 메콩강의 개구리 울어도 없는 눈물 내가 흘린다.

물

1
살면서 물먹지 않은 사람 어디 있으랴.

2
물이 없으면 색을 쓰고 싶어도 칠할 수 없다.

3
물이 모든 사물과 통한다는 이치는
생의 생생한 본本이어서다.

꽃이 싹트고 잎 피워 흔들리는
한 생애의 뒤편에는 끊임없이 흐르는 물이 있다.

4
물이 울었다. 내가 울었다.
이제껏 아버지께서 주신 밥만 먹고 자랐다고
내가 물통이로 울었다. 물이 울었다.
물에 말은 밥 한 그릇이라도
내 손으로 벌어서 대접하고 싶었는데

그 한 끼마저 놓쳐 버린 불효라고 내가 울었다.
물이 울었다. 내가 울었다.
난생 처음 국립병원 메디컬센터 영안실
찬 시멘트 바닥에 뒹굴며
물이 울었다. 내가 마구, 마구 물처럼 울었다.

바람

바람이 흐르면 강물은 닿은 만큼 물결친다.
나뭇잎도 바람이 오신 줄 알고 살랑댄다.
사람이라고 어이 안 흔들릴 수 있겠는가.
태극기가 바람에 펄럭입니다.
촛불은 바람 앞에 꺼집니다. 누군가 외친다.
바람은 우리들 인생처럼 그저 왔다 갈 뿐이다.

미케비치 해변*

죽을 때까지 내 여자로 살겠다는 말은
죽으면 남남이 되겠다는 뜻인가.
생면부지의 낯선 바다에 와서
해변 길 하루, 이틀, 사흘.
이국의 풍물이 다 못해 본 연애 같다.
나흘째도 걷는 것이 낯설고 신비로웠다.
출렁출렁 걷는 바다가 되려 하고 있었다.
그렇다. 남남이 된 그대를 다시 사랑하겠다.
아오자이를 입은 월남 여자처럼 사랑하겠다.
바다 냄새가 나는 여자를 낯설어서 사랑하겠다.

*베트남 다낭에 있는 세계 6대 해변.

불꽃

나 불꽃처럼 살다 남긴 것 없이 죽었다고 하지 마라.
불이 무엇보다 아름다운 꽃이 되는 것을 보지 않았느냐.

복숭아

데생 하고픈 단물 밴 여자 엉덩이의 이상야릇한 금 하나.

바다

1
바다 곁에 오면 시끄러운 세상사
파도에게 도거리 줘 말끔히 밀어내고 싶다.
바다 곁에 오면 갑자기 율리시스처럼
배 밑창이 울리도록 가슴을 쾅쾅 치고 싶다.

2
바다에 한번 빠지면 그 심연의 밑바닥까지 간다.
그 심연의 세상은 너무 어둡고 캄캄하다는
절망의 외침보다 더 크고 묵중한 침묵이 있다.
경험한다는 거 배운다는 거 안다는 거 너무 하찮다.
물이 커서 놀기 좋고 뜨기 좋다고 하지만
그 죄어 오는 압력을 어이 감당하랴.
발버둥질 친다는 거 자체가 꿈속의 행동 같다.
모든 것이 항공모함 같은 육중한 문이면서
모든 것이 문이 없는 첩첩산중과 같은 감옥이다.
인간은 그런 바다에서 허우적대며 살아간다.

3

생맥주 잔 만한 내 머리가 바다 쪽으로 기운다.
파도가 흰 거품을 일으키며 출렁 담긴다.
젊은 날에는 가슴에 바다를 통째 담았는데
이제는 눈으로만 가진다.
그래도 맥주 한 조끼 들이켜듯 시원하다

정중동靜中動

강江

병후病後

겨우내 죽은 듯 잠자던 고로쇠나무에
물 오르내리는 소리가 들리고 연초록 잎 싹트듯
이 몸의 어느 구석에 이런 기적 같은 힘이 있어
생기가 돋는지 감사기도를 드리고 싶은 기쁨이여.
이 몸이 아픈 것은 싫어도 오직 앓아야만 느낄 수 있는
날듯한 생의 활력을 어이 사랑하지 않을 수 있으랴.

적폐청산

우리 몸의 때 같은 것 문대고 안 진다고
병적으로 하루종일 닦아내는 사람 없다.
살면서 다른 일하다 생각날 때 닦으면 되는 것이다.

베트남 모기

사람이나 미물이나 마찬가지다.
안 먹어 본 떡에 더 입맛 당기게 마련이다.
내가 저 인도의 구석진 빈민굴이나
파리 오페라 좌의 밤 골목의 젊은 날처럼
사람 피가 얼마나 달콤한지
아니 안 먹어 본 이방인의 피가 유혹하는지
캄캄 어둠 속에서 캄캄 귀신으로 다가와서
금시 빨대 같은 침을 박았다.
천금을 주어도 안 팔 천금 같은 피를 강탈당한 자에게
천국의 찰나에 한뉘 다하는 황홀한 죽음이여.

뻐꾸기

춘궁기의 옛날처럼 배 고프다고 우는 동네 뻐꾸기.

별

1
별은, 별에서 보아도 멀다. 그래서 별別친구다.

2
기적처럼 밤이어야 볼 수 있는 하늘의 꽃밭이다.

3
인간이 사는 땅이 좋고 나쁜 것은 하늘에서
얼마나 많은 별꽃을 피우는 초롱눈빛인지 보면 안다.

4
지상에서 승천한 무명용사들의 영혼처럼
하늘에는 이름 없는 은하수 별들이 너무 많다.

5
별에 속지 말자.
우리가 볼 수 있는 저 별빛은
죽은 별에서 보내는 빛이라 한다.
그 빛을 보고 우리는 노래하고 시를 지었다.

보도부르드 부처

이상하게도 우리나라나 다른 나라에서도
무면불無面佛을 자주 만난다.
왜 그럴까.
보도부르드의 수투파 속의
부처님을 뵙고 겨우 깨달았다.
부처님은 중생을 위해
그 얼굴자리까지도 내어 주신 것을 알았다.
부처님 얼굴 있던 빈자리에
그대의 얼굴을 올려놓으면 그대가 부처다.
부처의 마음을 가져라.

라오스

공기가 맑으니 부처도 탁발승도 불자도 많은 것 같다.
가난해도 왜 마음부자인지 알겠다.
때국 줄줄 흐르던 50년대에는 나도 그리 살았다.

보도부르드 석탑

사철 찜통 같은 30도의 혹서에도
석탑 속에 사시는 석가모니불은 오히려 추우신지
동서남북 사통팔달로 바람구멍을 내고
거냉하시느라 더운 바람을 끌어들이신다.
그 부처님은 아버지였다.
내 눈에는 중생을 위해 늘 아프시던
부처님도 아버지 같으시고
욕창에 시달리면서도
입 밖에 불편하다는 말 한 마디 없으시던
아버지도 병상의 돌부처이셨다.

봄 처녀

무농약의 초록인증 받은 사내 구경하기 어렵듯
나물 캐는 봄 처녀 말만 떠도는 텅 빈 들녘.

봄 바다

1
봄이면 새싹 트듯이 바다의 물색도 더 파릇해진다.

2
아주 잊힐 세월이 지났는데도 봄이 오면
가슴에 고향 봄 바다 물결이 출렁이는 사람이 있다.
등대 아래의 수줍은 데이트에서
기다리던 멋진 소년이 휘파람을 불며 오는 듯한
아직도 그 푸르른 파도소리가 들리기 때문이다.
아니다. 무지막지하게 내 젖가슴으로 파고들던
그 소년의 바다를 지나가는 바람소리가 들리기 때문이다.

백야

고문拷問이다. 죄가 되는 캄캄 칠흑이 오히려 그립다.

부부

어리석어도, 어리석은 줄 알면서도
그 어리석음을 철석같이 믿고 사는 게 부부다.
종내 하늘이 무너지는
슬픔이 해일처럼 닥칠 것을 알면서도
하루를 살지라도 모든 것을 나누고 싶은
이 어쩔 수 없는 사랑의 끈을
천년, 만년 살듯이 쥐고 있는 사람들이다.

봄

봄은 보인다고 해서 봄인가.
들새들이 풀숲에 알을 따듯하게 낳은 것도
마른 풀잎에 이슬방울이 맺힌 것도 보인다.
아, 사람과 사람 사이에 있는 사랑도 보인다.

부채

어느 무더운 여름날
꽃그늘 아래 그대와 나 있었지요.
말은 못하고 답답한 가슴 열듯이
옷섶을 살며시 풀어 부채를 부치니
마음속 꽃바람 향기
춘향의 그네처럼 스르르 미끄러져
내 마음 그대 있는 데 시원한 바람으로 가고
그대 맘 나에게 향기로 오고…
우리 만남은 부챗살 펴지는
꽃이자 바람이고 바람이자 향기이네요.

북극

살갗이 타도록 햇볕 목욕을 해도 춥다.

부천 도당산 장미

가짜 꽃이 많은 세상에
이 도시의 백만 송이 장미는 모두 진짜다.
어디를 걷든 사람과 사람 사이에 장미향 냄새가 난다.
장미, 늘 생화인 내 사랑하는 여인의 이름.
너무나 아름다워 차라리
심연 깊이 떨어지는 황홀한 절망이다.
나는 향내 나는 여자의 산장미 꽃잎의 입술과
백장미 빛의 흰 치아를 보고 싶다.

봄비

겨우내 양치질 안 하고 살다가
날씨 좀 풀리니 바깥나들이하고 싶어
양치질한 물을 옥 물었다 뱉는 듯
봄비 속에는 하나님의 초록 이동 냄새가 난다.

불국사

불문佛門을 나서며 여승은 남산의 하늘 보고 두 손을 모았다.
국화 향기가 은은히 퍼지던 석가탑 같은 그 스님.
사랑은 가슴 속 깊이 숨긴 아픔인지라 그리움도 더 길었다.

블라디보스토크의 겨울 여자

모피 외투를 걸치고 외출한 로스케 여자 너무 멋지다.
털 난 짐승만 겨우 견딜 수 있는 극지에서
어이 사람이 밍크외투를 걸쳤다고 손가락질 할 수 있으랴.

사라짐에 대하여

가을이면 낙엽송 되어 내 육신도 어김없이 계절을 탄다.
여름의 폭염처럼 늘 상승기류이던 불씨가 사라졌다.
같이 동거하던 눈물도 물기 하나 없이 깨끗이 증발했다.
늙은이의 걸음으로 내 몸의 노을이 빠져 나갔다.
밤마다 가슴을 물어 피 칠갑하던 여자였다
가진 것 별로 없는데 사라지는 것은 왜 이리 많은지
가난한 자여 세상이, 사는 것이 가벼워졌다 하지 마라.
그대는 피도 안 마른 이마로 세상을 나선 구도자가 아니다.
죽는 날까지 아무것도 쥐거나 가지지 못한 손은 슬프리라.
지키는 이 없이 홀로 떠나는 임종을 슬퍼하라.

불행

꽃 한 송이 바칠 모실 스승이 없다는 것은 불행한 일이다.

사람

1
하늘보다 땅보다 더 큰 것이 사람이다.
그런 생각을 할 수 있는 것도 사람이다.

2
방에 든 햇볕이 고요해 보이는 이는 조용한 사람이다.

비

삶이 고달프거나 힘들거든 산사태 지도록 울게 하소서.

사랑

1
내 유전에는 모하비사막의 떡갈나무 같은
1만 년 수명의 사랑이 내장되어 있다.

2
사랑이여, 어디든 티내지 말고 가서
강물에 눈 내리듯 녹아라.
그에게 가서 고요히 스미어 들어라.

3
사랑이 내게 싹튼 것은
한 여자가 좋아서라기보다
무엇보다 내가 외로워서였다.
그 외로움이 가을하늘에
청초히 핀 코스모스 잎처럼
파르르 가슴 떨리게
여자에게 사랑으로 옮겨 갔을 뿐이다.

4

사랑으로 눈 뜨고 사랑으로 밥 먹고
사랑으로 싸기도 하고 사랑으로 잠들기도 하고
사랑으로 아기가 되었다가 어른이 되기도 하다가
마침내 입 아프도록 사랑, 사랑, 사랑하다가
세월도 날 새버리는 사랑이
요즈음 최순실 없으면 문 닫을 거 같은 종편 같다.

5

왜 자꾸 사랑타령인가 하면 사람이
가장 받고 싶은 것이 사랑이고
사랑을 제일 많이 주고 싶은 것도
사람이기 때문이다. 그래서 사람들은
꽃 꺾어놓고 울고 웃으며 사랑 때문이라고 한다.

사랑의 문장

사랑은 늘 가슴으로 쓴다 하지만
아무리 가슴을 들여다봐도
무슨 글자인지 알 수가 없고
세 살배기 아이가 아무렇게나 헤집은
장난친 글씨 아닌 낙서 같지만
사랑의 초서체에는 물 흐르듯
유창한 생성과 소멸이 있다.
쓴다고 써도 모르겠고
써놓고 봐도 모를 난해한 흐름이 있다.

산

산은 결코 물에 잠기지 않고 그 그림자를 드리울 뿐이다.

성장

어머니는 내 무명옷 검정으로 더러우면
엄동설한 추운 겨울에도
시냇가에 나가 얼음장을 깨고 잘 빨아서는
따듯한 햇볕이 스민 옷을
연초록 새싹 돋듯이 자주 갈아 입혀 주셨다.
나는 그 새 옷을 입을 때마다
어머니의 새 아들이 된 듯 미루나무처럼 쑥쑥 커갔다.

세상

어찌된 세상인지
정월인데도 눈이 안 와 가뭄 들
걱정하는 사람 눈 씻고 찾아봐도 없고
데모하는데 춥지 않아서 좋다는
사람들뿐이다.

살다 보면

오래 소식이 두절되었던 친지의 전화를 받는다.
'그동안 까마득히 몰랐는데 큰일을…'
아내를 여위었다는 조문인사다.
'아, 살다 보면 다 그렇죠.' 라고 대꾸했다.
천번 만번 맞는 말이긴 하지만
전화 끊기고 나는 그 말이 미워졌다.
어느새 아내를 가슴에서조차 지웠는지
아내를 잃은 슬픔이 바다처럼 출렁이면 어때서
백지처럼 까맣다가 이제야 떠올랐다는 듯이
'아' 하는 것은 무엇이고 무심하고 대범한 듯
'살다 보면 다 그렇죠.' 뭐란 말인가.

아 옛날이여

내일이 없으면 꽃은 어이 피랴. 옛날이 없어도 마찬가지다.

새소리

문득 들리는 새소리 너무 아름다워서
좀 더 몇 마디 더 들으려고 멈추니
그 마음 어찌 눈치 챘는지 일순 딱 끊겼다.
저들의 노래에는 그들만의 내통하고 즐기는
나 같은 사람이 인기척 내며 들어서는 안 되는
비의秘意가 숨어 있는 것인가.
야박한 거 사람만인 줄 알았더니 새도 그렇구나.
우리들이 하는 말 중 새소리 하지 말라는
저 나무의 새소리가 아닌 것은 분명해.

소나기

무자비하게 마구 짓밟고 지나가는
탄핵의 날벼락이 깃든 때 아닌 산돌림이다.

색 이전 이후

1

천국이 될 때까지 창궐하여라. 그러면 죄 아니리.

2

내가 늙으니 세월도 늙어 버렸다.
어느새 슬그머니 색이 사라졌다.
계집을 간姦하려 해도 간볼 수가 없고
통하려 해도 꽉 막힌 하수구 같으니
간도 통도 죄이면 뭐하고 죄 아니면 뭐하랴.
심심산골에 눈 내린들
밭 한 뙈기 없는데 풍년든들 뭐하랴.
오히려 오도 가도 못하는 갇힌 몸 되었구나.

섬

1
물이 그리움으로 솟구쳐 서서 섬이다.

2
외로운 것들 다 자작자작 자는 물의 여인숙이다.

3
틀에 갇힌 사람들은 섬처럼 산다.
그 틀에 벗어나도 섬이다.

4
가슴에 숨어 있는 섬 하나가
먼 바다의 섬 하나와 맞닿았다.
왜 외로운지 알겠다.

외로운 사람들은 외로운 사람끼리
물결처럼 스며들어 모여 산다.
그 섬에 가고 싶다.

씨

가령 내 몸에 씨가 있어서
싹 눈 터 잎 틔우고
그 잎이 자라 나무가 된다면
어떻게 될까.
언젠가 그런 씨들도 나올지 모른다.

나는 자꾸 개량 육종이 두렵다.

외로움

가슴에 사랑이 있는 사람은 외로움을 안다.
외로움이 있어 사랑이 더 달콤하다.
외롭다는 것은 사랑을 하고, 받고 싶다는 뜻이다.

아내

내 곁에 당연히 있어야 될 여자가
어느 날 이상하게 사라졌다.
왜 외로운가 생각해 봤더니
그녀가 곁에 없어서였다.
참 어리석게도 이제까지 아내가
실종되었어도 잠시 외출했겠거니
없어도 있는 체하며 티 안 내려고
너무 무덤덤하게 살았다.
그러려니 그 세월이 오죽했겠냐마는…

아버지

늙은 느티나무도 속을 비워야 죽지 않고 잎 피우듯이
내 부친도 자식 욕심 버리고 비우는 마음으로 사셨다.

안동역에서

나는 왕년에 눈 오는 날이면 여자들이
사랑에 약해지는 줄 알고 무작정 기차를 타고
아무 대책도 없으면서 떠나는
안동역 아닌 안동역에서 만나자고 한 적이 있다.

소한음小寒吟

자폭이나 쌓인 눈보라 회오리 속
누군가 바람 든다고
어머니처럼
내 옷깃 여미어 줄 사람 그립다.

어떤 임종

주인을 몰라 보는 개처럼 치매에 걸려
똥인지 된장인지 모르는 그를
하나님은 어디로 갔는지 모르게
데려가 버렸다.

우리나라에서
예수 제일 잘 믿으시는 분의
예수 제일 잘 믿으시면 걸리질 말아야 할
종천.

사람 사는 게 다 이렇다.

여자들

쓸 만한 한 손가락 있는 것보다 못한 열 손가락.

어머니

메우고 꿰매고 깁고 삯일까지 도맡아 하신
그렇게 평생 고생, 고생하다 가셔서 어머니가 참 밉습니다.
어수룩한 옛날 여자여서 밉도록 그립습니다.
아버지께도 왜 어머니를 그렇게 살게 했냐고 묻고 싶습니다.
저 여편네 한시도 가만 못 있는 지 팔자긴 팔잔거라.
어머니가 정말 팔자여서 그렇게 사셨겠습니까?

여행자

다 역마살 낀 타고난 팔자소관이긴 하지만
일생 산과 들로 쏘다닐 수 있는 땅이 없으면
부르터 물집이 생기고 싶은 발은
무엇보다도 아픔이 없는 그 심심함을 어떻게 견뎠을까.

오두막교회

혼자서 목회자며 신자인
눈에 폭 파묻힌 오두막교회.

하나님이 와 밝힌 듯한
섬처럼 외로우면서도 따뜻한 불빛.

가난한 촛불 한 자루의 행복.

요즘 세상

요즘 세상 들이대며 궁상 좀 작작 떨라지만
어디 난질 간 세간살이 아닌 다음에야
요즘 세상 살기 싫은 나와 살기 좋은 여자 궁합 잘 맞을까.

오빠

어느 새 소리 소문 없이 물이 다 빠졌다.
물이란 그런 거다. 쓸모없는 죽정이 신세다.
옛날은 말 그대로 옛날인데도 옛날이 그립다.
늘 푸른 바람 불던 스무 살 봄 들녘처럼 누워
왜 하필이면 그녀는 나를 오빠라 했을까
궁금해 하면서 아직도 간절히 듣고 싶은 소리.
그녀가 헐떡이며 청보리밭 밖으로
오줌 싸듯이 길게 내지르는

오빠, 오빠, 오오버…

2016년 혹서

살다 살다 얼마나 더운지 시가 도망갔다.

유전

범인 색출에 지대한 공을 세우는
DNA니 하는 것들은 모르지만 피 한 방울은 안다.
겨울만 되면 따뜻한 남쪽 나라로…
왜 그럴까?
부모님에게 물려받은 유일한 재산.
바이칼에서 남하동진 했던
퉁구스족의 소중한 피 한 방울이 유전 되어서다.

이별

그녀는 한복을 곱게 차려 입고 나와
떨어져 있어도 떨어져 있는 것이 아닌 이별
내 가는 물길 끝까지 한마음이라는 듯이
부두머리의 바위에 앉아 바닷물에 발을 담그고 있었다.

은행

늦가을 햇살 속에 은행 알들이
후두둑, 후둑 우박 떨어지듯이 진다.
여름을 지나며 비바람도 잘 소화한
성숙한 똥 알이다.
나는 그 나무 아래 한참을 서서
사회의 거름이 되라 하시던 선생님 말씀과
스무 살 무렵 인분 냄새 풍기는 봄 들녘을
바람개비처럼
씩씩하게 내달렸던 때를 기억했다.

절명시

명분命分키 위해 시로 명분名分을 세우고 명분命分한 시.

이러려고

두고두고 지워지지 않는 아내에게 미안한 마음이 있다.
젊은 날 나와 살기 싫다는 아내를 죽기 살기로 붙잡아서
일생 살 섞으며 옥신각신 티격태격 아옹다옹한 것이다.
살면서는 정분이 났다하지만 정말 이러려고 같이 살았나.
그때 싫다할 때 가라고 놔 줄 것을 소용없는 후회가 됐다.

잠

산달이 가까운 태아처럼 잠 잘 때가 있다.
그 잠은 인간으로 태어나는 가장 행복한 잠이다.
엄마의 자궁속인 듯 팔다리를 웅크리고 죽은 듯이 자며
나는 생애의 영원한 잠도 이랬으면 꿈을 꾼다.
어머니의 자궁에서 태어나 살았으니
늙어 고향으로 돌아감은 너무나 당연한 일 아닌가.
이제 한 세상 잘 살았으니 그만 잠들 때도 되었다.

일생

나, 바다의 수평은 없고 산의 굴곡과 준령만 있었다.

자살

어떤 꽃잎도 소리 없이 지듯이
산목숨도 그리 끊은 것인가.
죽은 다음 그 사연 누가 알랴.
결단!
이 남자 하루라도 얼굴 맞대고 더 살기 싫어
외통수로 죽을 수밖에 없다.
홀로 된 남자의 말 한 마디. 독한 년.

일흔 풍경

일흔이 되니 산 밑자락 작은 집 한 채도
산이 주는 초록을 다 갖고 있는 게 보이고
겨울이면 산에 쌓인 눈들도
크리스마스트리처럼 축복으로 받겠지.
일흔은 굳이 시를 쓰지 않아도
모든 게 다 시가 되고 보이는 나이.

젓가락

젓가락으로 산인들 못 집으랴. 안 들려서 그렇지.

퇴직

퇴직하니까 좋쑤?
좋지.
뭐가 그리 좋쑤?
빈둥거리니까 좋지.
대답하고는
하루 종일 집구석만 돌아가는
팽이 같은 내가
아내 보기 좀 미안해서
아마 나는 이렇게 쉬려고
일생 일해 온 사람인가 봐.

팥죽

마음 속에서 늘 훈훈한 김이 나오는
따뜻한 삶을 살라는 계명이다.

찜질방

휴가철 해운대 큰 찜질방에서
한 눈에 엄청 많은 사람들이 잠든 걸 봤다.
마치 바람과 함께 사라지다의 한 컷처럼
들녘에 널브러져 죽은 듯이 있는 엑스트라 전사자 같다.
새벽이면 유령이 부활하듯 슬그머니 일어나
신기하게 어디론가 다 사라지는…
인간은 다 그 카드가 뻔하면서도 연기하며 산다.

파르티잔

― 이현상에게

그대는 임신한 아내의 발가락의 피고름도
입으로 빨아 삼킨 사람이 아니더냐.
그 사랑보다 이데올로기를 더 버릴 수 없더냐.
이 어리석은 사람아.

참 미묘한 시

미당 선생님, 죄지은 사람이 아닌 데도
원도 한도 없이 살아온 세월이 자꾸 부끄럽습니다.
위안부 할머니의 소녀상이 전국 곳곳에 있는 것을
전 세계에 대한민국이 창녀의 나라라 알리는 것이라는
좀 심한 글을 읽은 적도 있습니다만
친일파 이런 것 언제까지 끌고 가야 하나요.

중심

늘 감정의 중심대는 시 아니면 씨.

처남에게

처남, 푸념 한 마디 하겠네.
절대 술 취해 하는 소리 아닐세.
자네 여동생 왜 딴 세상 사람 됐는지 아나.
그 여자 어디 한 번 나 없고 나서
술 처먹고 고주망태로 살아 보라고
죽은 것 같네. 술 깬 아침,
술국 하나 끓여 줄 년 없는 속 쓰림보다
홀로인 외로움이 어떠한지를…
일생 착했던 여자.
죽어도 그것은 아닐 텐데 말일세.

탈속

속탈이 없으면 탈속이다.

처용가

달빛 아래 외로움 타는
섬돌 위의 고즈넉한 하얀 고무신.

숨죽인 듯 숨 쉬는 개수는 두 켤레인데
내 해만만이 보이는 당해唐鞋 하나

동경 밝은 달 아래 샛서방과 뒹굴다가
드러나 부끄러운 육날 미투리

어느 시절인들 음淫질하는
처용 내외 없었으랴.

혁명

참다 참다 못해 광인이 굴리는 수레바퀴다.

첫사랑

까맣게 잊었던 옛날 일입니다.
둑방 길에서 그 소년을 처음 만났습니다.
그땐 왜 그리 숙맥이었는지
지금 무슨 말을 했는지 아무런 추억도 없고
참 희한하게도 단지 하나
파릇파릇한 애꿎은 풀잎만 자꾸 뜯었던 일만
풀잎처럼 또렷이 돋아납니다.
아마 풀잎 하나 뜯는 것으로
첫사랑을 잊지 않으려고
모질게 풀잎을 뜯었던 모양이지요.

홍매, 백매

봄 들녘에 앉아 놀기도 좋구나. 보기도 좋구나.
홍매야, 백매야. 거나하게 취해서 부르기도 좋구나.
지화자 술잔치 대신에 어질 머리 꽃 잔치로구나.

추석

한 두어 시간 지척인데도
아주, 아주 먼 듯이 고향도 못 가고
쓸쓸히 홀로
소주잔에 마른 오징어 뜯으며
늙으신 부모님은 잘 계신지…
벌써 어스름 저녁
이제 달은 휘영청 밝을 텐데
달 밝으면 어쩌나, 어쩌나
글썽해지는 내 마음을 아는지
오징어가 새가 되어 고향 가고 있다.

해바라기

하늘 끝까지 목이 휘도록 그리움이 자라야 피는 꽃이다.

카카오톡

여든 고갯마루에 문자로 무슨 연애를 할 일도 아닌데
늦게나마 잊히지 않고 심심치 않으려고 카톡을 개설했다.
참 신기하게 귀신처럼 알고 오는 카톡 소리.
카톡 카카톡 소리가 낯설지 않은 새소리로 들렸다.
기계소리도 새소리로 듣는 아니 들으며 살아가야 하는
그렇게 적응과 변신해 가는 나는 과연 어디로 가고 있을까.

하루살이

하루치 생명이지만 털끝만큼도 남기지 않고 다 쓰기 위해
한시도 쉬지 않고 자기 목숨 값을 다 하는 날갯짓 앞에
내 삶의 어느 하루가 저렇게 치열한 적 있었는지 되짚어 본다.

파도

1
그레이다의 삽날로 눈벌판을 면도하기에 바쁜 겨울바다.

2
한사코 간직하고픈 내 사랑
아무도 못 가져가게 현해탄 거센 파도가 지켜 줍니다.
이 한 몸 명대로 못 살지라도 이래도 한 세상.

3
싸우자면서 물러나고
싸우자면서 흰 이를 드러내 웃고
싸우자면서 고함치며
문을 박차고 나서다가도
아기처럼 스르르 잠에 밀리는
너는 계속 연달아 끊임없이 밀려와야 해
그래야만이 끝에 가서 한 발 물러서는
지는 것이 이기는 것인 미덕도
우리는 깨칠 수 있으니까.

흙

1
어찌하여 살다 보니 이승의 약속보다
저 세상 가서 같이 살겠다는 여자를 만났다.
이 여자가 농사 진 고구마 한 상자를 보내 왔다.
여자를 삶듯이 고구마를 푹 삶으려 씻으니
껍질에 묻은 흙이 내 손에
그녀의 살결처럼 내 손에 번졌다.
내 죽어 그녀의 땅에 묻힐 색 같았다.
마치 어머니의 땅처럼 포근함이 묻어났다.
같은 흙에 같이 묻히어 같이 살자는 흙 같았다.

2
봄 흙 속에 나오는 싹들은 모두 초록신비다.

폭포

1
물도 흐르다 보면 굽이굽이 한 많은 사연들
참고 참다가 가슴이 텅 비도록
백태 낀 혓바닥을 드러내 뱉고 싶을 때가 있다.

2
나도 어느새 폭포 속의 폭포 되어
일순 딱 멈추고 싶은 가슴 뛰는 울음
왜 흘려야 하는지 모르며 울고 있었다.

풀

풀이라는 이름에는 땅에 뿌리를 둔
강한 접착제 같은 모성이 있다.

혼밥 세대

조물주께서 인간을 다시 만들어야겠다.
어디 가건 혼밥 세대가 너무 많다.
인간이 혼자 살기 힘든 것은 사랑이 있어서인데
사랑하다 보면 결혼도 하고 애도 낳고
그럭저럭이든 어영부영이든 한세상 사는 것인데
어쩌다 이 지경에 이르렀는지
인간을 살피시고 다시 만들어야 하겠다.

해당화

진초록 잎 가시줄기 사이로 하늘대던
연분홍 치맛자락의 해당화 잎.
하루아침에 소리 소문도 없이 사라진
새마을 누님 같은 꽃이 되었습니다.
심인尋人광고 속 꽃순이를 찾습니다.

하늘

1

안 무너지는 걸 뻔히 아니까
하늘이 무너져도 살아날 구멍 있다고
큰소리치며 살았다.
또 하늘이 무너진다고 해도 다 허공이고
무너지나 안 무너지나 그게 그거인
그 구멍이 그 구멍인데…
믿을 것 없는 하늘을 빗대어 믿게 만드는
사람이란 뭐란 말이냐?

2

산이 높으면
높은 만큼 멀어진다.

별자리에서도 멀면 먼만큼
하늘은 아득해진다.

가 보고도 가 보지 못한 거리가
하늘이다.

아스라한 하늘 땅
어디서나 하늘이 된다.

하늘에서도 하늘이 된다.

흰 눈

티끌하나 없는 흰 눈일지라도 많이 쌓이면
그 무게를 견디지 못한 나뭇가지는 부러진다.

행운목

내 인생처럼 늙마에 들어온
수반의 토막 난 행운목 한 쌍.*
왜 행운목이라 부르는지 모르지만
잘 키워서 그 꽃향기 맡을 때까지 살아야지.

내 나이 일흔하고도 여덟.

* 토막 난 행운목은 꽃을 보기 힘들다고 합니다.

커튼

창에 빛이 차단된 휴전선 철조망 같은 커튼을 쳤다.
어둠의 눈 내린 강제수용소에서도 인간은 서로 보듬었다.

새벽 선잠에

새벽 선잠에 이제 늙었다고
시 짓는 일도 한시로 찾아오는지
봉여봉유봉하시인지
몽여봉유봉하시 7언인지
운도 모르는 주제에 시라고 짓고 한자로
夢與逢有逢何時에 맞춰 한글로 뜻을 새긴다
어느 때인가 꿈처럼 만날 날 있으리
늙었어도 사그라들지 않는
그립다는 이 병 행인지 불행인지.

불발탄

사람을 죽이기 싫어 터지지 않았던 폭탄이
불발을 안 후에야 터진다. 꽃다히 아름답다.

노을 1박

술도 노을 홍주로 흠씬 취하고 젖어서
어찌해야 할지, 어찌 해야 할지
이 여자 저 여자 나랑 노을빛 살 섞자는 말
그래, 그래 횡설수설 퍼지다 보니
어느새 쥐도 새도 모르게 노을이 사라져 버렸다.

부끄러움

예수가 십자가에 매달리면서도 한사코 가렸던 헝겊 한 조각.

둥근 달

사내들은 씨름판에서 서로 힘 댕기기를 하고
계집애들은 널뛰기나 그네를 타며 힐끗거리다
서로 눈이 맞으면 가슴에 반달의 송편 하나씩 품고
한가위라 활동사진 보며 쟁반같이 둥근 달이 된다.

슬픔

순수한 슬픔이란 없다. 새의 울음소리가
때로는 노랫소리로 들리는 것같이…

야생화

거친 들녘에 피는 꽃이라고 아무렇게나 피는 것이 아니다.
1만 3천여 명이 전사한 원혼이 떠도는
오끼나와 들녘에서는 땅을 파도 파도 자꾸 나온다는
그 시신들의 선홍빛 사연으로 피어 있었다.

올봄

지나간 봄은 생각할 것도 없습니다 올봄엔 작정하고 바람 스치듯 한 번도 완독한 적이 없는 배달된 문학지를 다 읽을 것입니다. 꽃잎 깨끗이 지듯이 다 읽고 나면 내 마음자리에도 초록 물결 이는 새싹 돋겠지요. 그 자리에 열매도 맺어지겠지요. 올봄이 지나간 봄이 되어도 잊히지 않는 봄이 되겠지요.

식물성

꽃이나 나무들은
목숨을 걸고 살려고 다툰다.
일찍 싹 터 세상 먼저 보려고 다투고
한 뱃속의 다년생 꽃들일지라도
먼저 수정받아 씨앗 맺기 위하여 꽃피려고 다투고
잎 져 먼저 흙으로 가는 것도
죽어 자양되기 위한 다툼이다.
나는 정지된 상태에서 하는
이 싸움을 식물성이라 부른다.

인생

자고나면 아침에 눈뜨는 인생이 성공한 인생이란다.
그보다는 자고난 것을 아는 것이 성공한 인생이 아닐까

새 장가

아내가 바다에서 태어나 주소를 둔 날이어서
일 년에 한 번 홀로 와 이름을 불러 본다.
바다의 물의 문은 늘 닫혀 있어서 묵묵부답이다.
좋다. 그러면 나도 새 장가 들어도 되겠지.

자선

모든 식물들은 제 손으로 열매를 거두지 않는다.
도토리 밤나무들이 한여름 내내 익혔던
열매를 새나 날짐승, 사람들이 거두어 간다.
오른손이 하는 일을 왼손이 모르게 하듯이
모든 식물들은 왜 열매를 맺고
빈손이 되도록 베푸는지도 모르는 자선을 할까.

장애인 무용수

온전한 사람보다는 좀 불편하지만
한쪽 다리가 없고 한쪽 팔이 잘렸다고
못 살아가는 것은 아니다.
인생이란 무대 위에서 얼마든지
춤추면서도 살아 갈 수 있다.

전화 한 통

모년모월모시 은물결 반짝이는 달빛 타고
바다 저편에서 온 전화 한 통. 모시, 모시
하이얗게 서리는 그녀의 입김.

존엄사법

죽음이 고통스럽더라도 자연으로 받아야 한다.
모든 자연은 가진 명으로 잇고 죽는 게 순응 철리다.
조물주께서 왜 인간의 마지막 가는 길인
죽음을 참기 힘든 고통으로 남기셨는지 알아야 한다.
거기에는 인간에게 주는 무언가 큰 의미가 있을 것이다.

춘곤

새 풀잎 돋고 새들도 먹이 찾아 눈을 반짝 뜨는데
봄볕 따라 맥이 스르르 풀려 눈만 감긴다.

파도가 보인다

잊고 싶지 않아도 모른 체 잊고 싶은 것이 있고
또 잊은 것들은 쉽사리 떠올리기도 어려운데
그녀가 시집가면서 툭 던지고 간 말
나 늬 눈길 안 주니까 다른 남자에게 시집간다.
(그 남자는 원래 남의 사람이란 뜻의 남자他者였는데
내가 된다는 말이었다.)
눈물 훔치며 말해서인지 뒤돌아서 가는
그녀의 치맛폭이 파도처럼 하얗게 뒤집혔다.
그 파도는 인생의 하고많은 파도 중에서도
늙어서도 바다에 가면 아직도 우는 게 보인다.

편지

갈가리 찢긴 가슴같이 그녀의 편지를 눈보라 속에 흩뿌린다.
수많은 조각 사연들이 모두 망각의 눈이 되도록 잊자, 잊자.

항로

항로가 정해진 여객선은 폐선이 될 때까지
죽으나 사나 한길만 다닌다.
일생 사랑하면서도 사랑하지 못한
북의 여자를 잊지 못하는 나처럼.

화성

물의 유무가 생명체가 있을 가능성이라 하지만
이 가설이야말로 인간이 가진 고정관념이다.
화성에는 우리가 상상할 수 없는
다른 물질로 사는 물체도 있을 수 있다.

| 여적 |

짧은 시를 마무리하면서

| 여적 |

짧은 시를 마무리하면서

에피소드 하나 소개하는 것으로부터 이 글을 시작하려 한다. 몇 해 전인가 미국 LA에서 장문의 편지를 받았다. 나의 첫시집 《사행시초》를 가지고 3행시로 만들어 발표하는 시조 시인이 있다는 사연이었다. 작년에 낸 나의 3행시집 《하늘 사람人 땅》은 시조를 쓸 재주가 없어서 자유시로서의 3행시를 쓴 것인데 아마 이 시집을 내게 된 근저에는 알게 모르게 이 편지가 원인이 되었는지도 모른다는 생각을 해본다. 실제 나의 3행시집을 받아 본 이근배 시인은 전화상에서 뭐 뭐만 없애거나 빼면 시조라는 얘기도 했다. 어쨌든 나는 이 편지를 받고 그 분이 쓴 시조는 엄밀한 의미에서 나의 것인가 시조를 쓴 분의 것인지를 한참 생각해 보았지만 이 글을 쓰는 순간까지도 명쾌한 답을 못 내리고 있다. 왜냐하면 그 시조는 누가 보아도 내용상으로는 나의 작품임에 분명하기 때문이었다.

그렇다고 하여 그 분의 작품이 아니라고 하기도 나로서는 주장하기가 곤란하였다. 분명히 4행이 아닌 3행으로 쓴 것이고 또 내 4행시를 기저로 하여 만든 시조임을 떳떳이 밝히고 있어서였다. 4행시를 쓰다 보니 생긴 일이지만 이 글을 읽으시는 분들은 누구의 작품이라고 생각하는지. 합작품이라 하면 좋겠는데 그렇게 허락하기에는 문학은 오로지 혼자 하는 것이라며 살아온 내 신조가 허락지 않았었다. 나로서는 이 편지를 받고 무슨 답변을 하기도 어정쩡하여 흐지부지하고 말았다. 4행시를 쓰다 보니 이런 일도 있었다.

2013년의 2행시집 《살아가는 슬픔, 벽》으로부터 《사행시초 2》(2015년), 3행시집 《하늘 사람人 땅》(2017년) 그리고 짧은시의 마무리로서 1행부터 10행까지 모은 시집 《가을 인생》(2018년)까지의 6년의 세월을 나는 오직 짧은시에 대한 형식을 완성하기 위해 매달려 왔다. 이 작업은 솔직히 내가 직장에 매달려 있거나 하였으면 도저히 매듭지을 수 없는 일이었다고 본다. 다행히 아무것도 매인 것이 없는 나이의 인생이었으니까 가능했다는 말씀이다. 실로 나로서는 이 6년 세월에 겨우 모양새를 갖춘 짧은시란 비록 형식은 짧지만 그 어느 길고 긴 대하소설을 마무리하는 것에 못지않게 매달린 작업이었다고 확신한다. 짧은 시 그것은 나에게 끈질긴 인내를 요구하는 대하소설이었다.

《사행시초》는 내 첫 시집의 제목이자 63년도의 등단작이다. 4행시라는 짧은 형태의 시를 써 온 나의 작업은 겨우 인생의 말년에 와서야 그 마무리를 보게 되었다. 나의 짧은 시라 함은 최근 6년에 걸쳐 2행시집 《살아가는 슬픔, 벽》, 그리고 시력 50주년 기념으로 낸 《사행시초 2》, 3행시집 《하늘 사람人 땅》에 이어 1행에서 10행까지의 시를 습합하여 햇빛을 보게 된 시집 《가을 인생》까지가 그 일환이다. 이 짧은 시에 대한 내 작업은 문자나 기호로 시를 표현한 극도의 실험시적인 것이 아닌 최소한 시의 규격을 살린 면에 신경을 쓴 보수적인 시 창작 과정이다. 그러면서도 여기 실은 짧은 시들은 좀 씀바귀 냄새를 풍길지 몰라도 경쾌한 페이소스다. 부담이 없다. 마치 조깅으로 공원을 두루 한 바퀴 돌은 것 같다. 이제 그 한 바퀴 인생도 거의 다 돌았다. 한평생 세월도 지나고 보니 찰나다. 하지만 길게 사설을 늘어놓고 싶지는 않다. 말이 길면 시가 아니다. 특히 늙은이의 긴 소리는 잔소리가 된다. 인생도 내 시처럼 간결하게 살다 가려 했는데 여기까지 온 길은 그저 부끄럽다. 바람이 분다. 쓸쓸하다. 한 잎 낙엽 지는 가을 인생 훌훌히 떠나야겠다.

그동안 펴낸 다른 짧은 시집의 여적 난에서 밝혀 좀 겹치는 부분도 있겠지만 완결 편으로서 간단히 몇 마디 소회를 밝히고자 한다.

최근 한 6년간 매년 한 권씩 시집을 내면서 시집 해설은 달지 않고 대신 여적餘滴이란 이름으로 몇 마디 적어놓았다. 시집에 해설을 실어 보았으나 내 시에 비해 너무나 과분한 글이었고 과찬은 비례인 적이 여러 번이었다. 연전에 출판사에서 알아서 해설을 부탁하여 실린 적이 있는데 나와 술 먹던 얘기 등 친분 관계를 잔뜩 늘어놓아 불편한 적도 있었다. 동양권 문학이 작품을 평할 때 서구와 달리 유달리 유하고 정에 흐르는 경향이 있는 것을 감안하더라도 거의 모든 해설이 천편일률적으로 과도한 칭찬일변도로 흐르고 있는 것은 요즈음 눈만 뜨면 듣는 적폐다. 시단의 적폐다. 수준에 못 미치는 작품을 침소봉대하여서 한국시단에서 아주 중요한 위치를 차지하고 있는 시인처럼 둔갑시키는 일이 다반사다. 이런 경향은 글 쓴 자신에게도 평을 받은 시인에게도 바람직한 일은 아니리라. 그보다 아주 더 질리는 일도 있다. 몇몇 문학잡지를 경영하는 시인들이 그 문예지 출신 시인들의 시집에는 반드시 본인이 해설을 맡는다는 사실이다. 어떤 때는 거짓말 없이 그런 시집을 한 달에 5권이나 받아 본 적이 있다. 그것을 볼 때 나는 시보다는 시해설자로 나서는 것이 좋겠다는 생각이 들었다. 물론 본지 출신 시인이니까 제 식구처럼 감싸야 하고 어쩔 수 없이 수준 이하지만 읽기 싫은 작품도 읽고 억지로 말이 되게 해설도 써야 하는 고충도 십분 이해하고는 있다. 하지만 그 분이 공부나 이론도 갖춘 분이겠지만 모든 시인들의 작품을 다 소화할 수 있는 그런 능력의 소유자는 아닐 것이다. 그러다 보니 늘 같은 소리는 되풀이 할 수는 없고 좀 아는 소리는 늘어놓아야겠는데 어쩔 수 없이 어설프지만 되지도 않은 문학이론서나 뒤적이고 뭐 말할 거리나 없나 컴퓨터에서 검색해서 넋두리처럼 늘어놓는 작태를 벌리는 것이 오늘의 한국시단이다. 컴퓨터 검색창을 뒤적여 짜깁기한 냄새나는 해설들이 너무 많다. 또 많은 해설가들이 한 시인의 시세계와는 전혀 맞지도 않는 외국이론 서적들을 겉핥기로 읽고서는 무슨 이론에 통달한 평론가처럼 해설을 쓰고 있다. 나는 이들을 볼 때마다 지금은 한 시대 전인 영화가 되었지만 무슨 서부영화나 이탈리안 마카로니웨스턴을 보는 느낌이다. 영화 속의 철면피요 무법자도 그러 할 수는 없으리라. 왜 우리는 아직까지도 자기 이론을 가지고 시를 보는 해설가가 없는가. 그런 노력이라도 보이는 해설가가 있었으면 한다. 아니 제발 이론은 고사하고라도 문학 용어나 제대로 썼으면 하는 경우도 허다하다. 이런 지경에 이르렀는데 내 시가 비록 많이 모자라고 볼품이 없다 하더라도 그 해설을 받고 싶겠는가. 이것 또한 늙은이의 고집인가.

시인이 시보다 시론에 집착하는 것은 별로 바람직스럽지 않다. 그렇다고 시론을 아주 도외시할 수도 없다. 시론이 없이 무조건 좋은 시만 쓴다고 하는 시인은 어딘가 좀 무지한 느낌이 든다. 시론보다 시에 더 애착이 가는 것이 시인된 운명이다. 왜냐하면 우리는 간혹 고집스레 저 시인이 왜 저렇게 시론에 집착하여 시를 쓰나, 아니 시보다는 시론에 맞춰 시를 쓰려고 하나 그래서 자기 시를 망치려 하나 하는 시인들을 여러 명 보아왔다. 또 어찌 생각하면 그런 분들은 좀 먹물 꽤나 든 괜찮은 시인인지 모른다. 어떤 시인은 시를 써놓고 억지로 시에 맞지 않은 시론의 옷을 입히려 하는 피에로 같은 분들도 있다. 자기 시는 그냥 태어난 천애고아가 아니라 시론이라는 근거가 있는 시라는 것을 은근히 과시하기 위해서다. 웃기는 일이다. 자기 시를 과대 포장하는 시인도 꼴불견이다. 이렇게 시와 시론의 관계는 시인에게 있어서 그 균형을 유지하기가 어렵다.

나는 어느 쪽인가 하면 시론보다는 시가 우선인 편이다. 시론이란 내용과 형식까지도 아우르는 전반적인 산물이다. 하지만 나의 경우는 너무 내용면에 치우쳐 왔다. 왜냐하면 4행이라든지, 2행, 3행시 같은 형식은 한 번 그 틀이 정해지면 다른 다양성을 모색키 어려운 점도 연관이 있으리라. 시에 있어서 내용과 기교라는 것도 별개의 것이 아니요 서로 상관관계에 있다. 내용에 따라 기교도 자연스레 그 시에 맞게 변하는 것이요, 기교에 따라 그릇에 맞게 내용도 담기기 마련이다. 그런 면에서 내 시와 시론이 천연스러운 분신이 되었는지는 의문이다.

이제 이 시집을 끝으로 4행시를 중심으로 하여 써온 나의 작업은 그 초석을 어느 정도 깔았다. 4행시집으로는 《4행시초》를 비롯하여 《꽃을 꺾기 시작하면서》, 《물의 혼》, 《설연집》, 《사행시초 2〉까지 5권의 시집을 냈고 2행시집 《살아가는 슬픔, 벽》, 3행시집 《가을 사람人 땅》에 이어 1행에서부터 10행까지 모두 아우르는 시집 《가을 인생》을 내게 되었기 때문이다. 나는 이들 시집을 내면서 간간이 시론이라는 것을 내놓기도 하였다. 내 첫시집인 《4행시초》를 출간하면서는 처음 문단에 신인으로 등단하여 한 10년 동안을 아무런 이론도 없이 그저 4행시만 써 왔으므로 4행시에 대한 나름의 이론을 가져야 된다고 생각하여 4행시의 근거를 찾는 이론 중심의 《4행시론고》 같은 글을 써서 4행시에 대한 뼈대를 세웠고 그 다음의 4행시집인 《꽃을 꺾기 시작하면서》에서는 꽃이라는 정적인 대상에 성性이라는 동적인 내용을 주입하여 시를 쓰고 이 시집에 대한 나의 시론으로 《섹스는 시다》, 《시는 올가즘이다》라는 주장을 하기도 하였다. 그러다 보니 나의 4행시는 나도 모르게 시론이라는 틀에 내용이 얽매이게 되어 4행시집 《물의 혼》에서는 나름으로는 물이라는 동적인 것에(앞의 시집 《꽃을 꺾기 시작하면서》에서는 정적인 것이었으니까) 성이라는 동적인 미학이 곁들인 4행시를 쓰자고 하였는데 결국 이 시집은 내 스스로 판단컨대 실패한 시집으로 치부하고 있다. 지금 돌이켜보면 젊은 나이라 시도는 좋았지만 너무 서둘렀던 것이 시집 《물의 혼》의 실패의 원인이었다. 다음 4행시집 《설연집雪戀集》은 눈과 사랑하는 감정을 곁들인 시집이었다. 이 시집은 내 생애에 있어서 가장 순수한 마음으로 시를 쓴 시집이라고 스스로 자평한다. 하면서도 이 《설연집》의 사랑시편들은 내 나름의 욕심이 있어 만들어진 시집이다. 이 시집이 햇빛을 본 것은 88년이다. 소위 80년대는 민중시가 시단을 휩쓸던 시대였다. 한 마디로 격렬한 구호나 주먹을 불끈 쥔 시가 대세를 이루고 눈에 핏발이 서린 시가 대부분이었다. 이런 시대에 나는 정말 외롭게 시인이라면 사랑을 노래한 시집도 한 권쯤 가져야 된다는 일념으로 이 시편들을 써갔었다. 현대시에 있어서 사랑이라는 것은 한 시대 전 이수일 심순애적 신파로 시인들 스스로가 마음으로 여기던 시절이었다. 하지만 사랑이라는 단어를 입에 담기도 꺼리던 시절에 나는 이 사랑시집을 펴냈다. 그런 면에서 이 《설연집》은 내 스스로 아끼는 4행시집이고 시중에 절판이 되어서 없는 시집이지만 제 시에 관심을 가지신 분들이 있으시면 도서관 같은 데 들러 한 번 꼭 읽어보라고 권하고 싶은 시집이기도 하다.

참 오랫동안 내 4행시들은 그 맥이 끊겼다. 오랜 기간 동안 4행시를 안 써 왔었다. 그러다 낸 4행 시집이 2015년 시력 50주년기념시집 《4행시초 2》다. 이 시집은 1974년의 시집 《4행시초》를 근간으로 하여 낸 시집이다. 첫 시집 《4행시초》를 출간하고 40여 년만의 작품집이다. 이 시집은 첫 시집의 4행시들과 대비하여 오늘 이 시각 내가 쓰는 4행시가 얼마나 달라졌는지 그 감정의 기복을 보기 위하여 의도된 계획 하에 쓴 시였다. 시를 감정의 흐름대로 흥이 일면 쓰는 것이라 여기고 되도록 그런 쪽에서 써온 이제까지의 나의 태도와는 전혀 상반된 작업이었다. 한두 편도 아니고 여러 편이어서 시 곳곳에 작위적이고 조작된 작품들이 산재 하리라 여긴다. 하면서도 한 가지 스스로 위로하는 것은 이런 작업을 시도한 시인이 세상에 나 혼자가 아닐까 하는 자위다.

스승은 좋은 제자를 만나기 어렵지만 제자 또한 좋은 스승 밑에서 가르침을 받기란 쉽지 않다. 그런 면에서 나는 무슨 이론보다는 시를 쓰는 인품을 심어준 시사詩師 미당 서정주를 잊을 수 없다. 미당은 나를 뮤즈가 깃든 삶을 이어가게 만들었다. 이태백처럼 술과 더불어 사는 시인으로서의 즐거움을 주었다. 일생의 작업으로는 너무 보잘 것 없지만 그나마 이 정도의 길을 가도록 길을 터주고 늘 사랑과 근심으로 지켜 봐 주신 어른이 서정주다. 4행시가 무엇인지도 모르던 시절에 처음으로 4행시를 써보라고 하신 어른도 서정주였다. 난생 처음 써본 4행시에서부터 오늘 1행시에서 10행시까지 습합한 시집 《가을 인생》으로 짧은 시에 대한 마무리까지는 서정주가 있었다.

강원도 조그만 어촌에서 시인이 되겠다고 마포 공덕동 길고

좁은 골목길을 따라 솟을대문만 보이는 서정주의 적산가옥을 찾은 것이 대학 1학년 때인 60년이다. 그로부터 작품 '4행시초' 로 〈현대문학〉에 3회 추천완료 된 것은 66년도니 어지간히 긴 세월을 미당은 나에게 시인 훈련을 혹독히 시킨 셈이다. 미당 생전에 이런 시인 훈련이 섭섭하여 한 번은 내 심경을 토로했다가 "자네가 내 밑에서 그만큼 단련되어서 오늘 이 정도 된 줄 알게"하는 말씀을 듣고서 내 어리석고 못난 성품이 그대로 드러난 듯해 부끄러워 고개를 못 든 적도 있었다. 이제껏 4행시만을 써오다 정년을 하고서 내 인생의 말년에 짧은 시를 마무리하고자 하여 시작한 일련의 작업은 다 미당 시사 밑에서 갈고 닦은 덕임을 새삼 잊을 수 없어 여기 몇 자 적어 놓는다.

이번 시집 《가을 인생》은 짧은 시의 대단원격인 작품집이다. 나로서는 짧은 시집을 갖는 일은 마지막이리라. 아마 모르기는 하지만 《가을 인생》이후에도 짧은 시가 써지면 쓰겠지만 그것을 시집으로 내리라는 자신이 없다. 알다시피 이 시집에는 1행부터 10행까지의 시가 있다. 이런 것들은 2행 시집을 내고, 3행 시집을 내고 4행 시집을 내고도 그 동안 시가 써진 것들을 모은 작품들이다. 시집을 엮게 되는 시점에 시론의 정리도 나름 확실히 갖고 싶으나 그렇지 못한 것들이 있다. 이 시집에는 산문시 형태의 짧은 시 2편이 있는데 이들 줄글형태의 한계는 어디까지로 정할 것인가 하는 문제도 많은 논의가 되어야 할 것들이다. 나로서는 우선은 행갈이 형식의 짧은 시의 한계를 10행으로 보았으니 줄글은 그 반인 5행쯤이 적당하다고 보고 작품을 만들어 보았다. 요즘 시단은 긴 시보다는 짧고 경쾌한 짧은 시로 가는 경향이 있다. 하지만 시가 그 길이로 작품의 호불호가 결정되는 것은 아니다. 여기 짧은 시들로 엮은 시집을 낸다 하여 그런 것들로 얽히고 싶지는 않다. 시는 길던 짧던 좋은 시면 되리라. 다만 현대인들의 바쁜 시간 속에서 긴 시면 좀 시간을 할애하기가 힘든 면은 있으리라.

이제껏 써 온 짧은 시들 중에는 경험상 제일 쓰기 어려운 시는 1행시였다. 1행시는 연전에 작고한 박희진 시인이 그중 많이 써 왔다. 박희진의 1행시를 읽어보면 참으로 술술 쉽게 쓴 것 같은데 나에게는 그런 대가다운 풍모가 없어선지 까다롭고 좀처럼 만들기도 어렵다. 그 까닭은 1행이라는 형식이다. 1행시는 충분히 1행시보다 긴 시를 만들 수 있는 시적인 요소를 띠고 있지만 1행시밖에 될 수 없는 시다. 또 1행시는 형식면에서 여유가 없다. 1행에 무슨 내용을 어떻게 압축하여 담는다는 말인가. 형식이 여유가 없으니 내용도 마찬가지로 힘들어지는 것은 당연하다. 내용을 1행에 담으면서 절감하는 일은 지극히 단순한 느낌으로 끝나거나 그렇지 않으면 자꾸 시가 아닌 잠언성을 띤다. 어찌 보면 잠언성을 띠는 것은 당연한지 모른다. 시는 시다운 맛이 있어야 하는데 그 시적 분위기를 내기가 어렵다. 또 내 경험으로는 1행시를 쓰는 시인은 자신의 시에 대한 자신감과 과감성도 곁들여야 된다고 여긴다. 그런 자신감은 아무나 지니는 게 아니어서 1행시를 쓰기가 어려운 면도 있다. 시인 스스로 몇 줄의 자유시도 쓰기 힘든데 1행시를 쓸 수 있을까 하는 소심성이 깃들기도 하리라.

1행시가 어려운 예를 2행시를 들어 말하자면 2행시는 대구對句성이 있어서 수월하다. 《가을 인생》 시집 중에서 '사랑 1'의 작품을 보면 "내 유전에는 모하비 사막의 떡갈나무 같은/1만 년 수명의 사랑이 내장되어 있다."는 대구라는 상대가 있어 훨씬 여유롭고 수월했다. 그런데 1행시는 그런 여유가 없고 지나치게 단정적이다. '불행' 이라는 1행시 "못난 스승이더라도 모실 어른이 없다는 것은 불행한 일이다." 같은 표현이 잠언성을 띤 예다. 시가 아닌 또 너무나도 굳이 누가 얘기하지 않아도 다 알 수 있는 잠언성을 나타내고 있다. 뿐만 아니라 잠언성을 드러낸 것 같지 않아도 내용면에서 그 틀을 못 벗어난 것들도 있다. 1행시 '아 옛날이여'. "내일이 없으면 꽃은 어이 피랴. 옛날이 없어도 마찬가지다."도 온고지신적 색채를 띤다. 특히 1행시는 종결어미 "–다"에 일반문장의 종결어미보다 지나치게 단정하는 느낌이 강하게 따른다. 이런 단정성이 잠언과 연관이 있다고 나는 느낀다. 이 또한 극복하기

참 어려운 문제다. 《가을 인생》을 내면서 수록된 1행시가 몇 편이나 되나 보니 31수나 된다. 그중 '봄바다'. "봄이면 새싹 트듯이 바다의 물색도 더 파릇해진다.". 또 '사람 2'의 "방에 든 햇볕이 고요해 보이는 이는 조용한 사람이다." 유의 시들도 잠언을 벗어난 듯하지만 '인생'의 1행시 "나, 바다의 수평은 없고 산의 굴곡과 준령만 있었다."는 너무나 사실적인 묘사다. 이처럼 1행시에는 무엇보다 이런 잠언성을 탈피하는 데 유념할 필요가 있다고 본다. 또 '정중동靜中動'은 제목이 내용이 될 수도 있고 내용인 강江이 제목이 될수도 있는 경우도 있음을 보여주는 한 예다.

그러면서도 나에게 다음과 같은 1행시가 주어졌다는 것에 나름 고맙게 여긴다. '곤쟁이'–"사는 터전인데 바다보다 더 넓은들 겁나랴.". '노을 1'–"대기권을 진입하는 우주선처럼 생명노을이 불탄다.". '물1'–"살면서 물먹지 않은 사람 어디 있으랴.", '별'–"별은, 별에서 보아도 멀다. 그래서 별別친구다.", '젓가락'–"젓가락으로 산인들 못 집으랴. 안 들려서 그렇지.", '파도'–"그레이다 삽날로 눈벌판을 면도하기에 바쁜 겨울바다.". '흙 2'–"봄흙 속에 나오는 싹들은 모두 초록신비이다.".

내 스스로 괜찮다고 보는 1행시를 너무 많이 나열했나? 1행시에 대한 몇 마디를 하려고 하니 내 스스로가 정리가 안 된 말이어서 엉성하기 그지없다. 1행시를 쓰면서 겪었던 느낌의 일단을 기술했을 뿐이다. 넓은 이해가 있으시길 바란다.

짧은 시중 1행시는 쓰기 힘들고 어렵지만 시인이어서 1행시를 얻게 된 것은 내 인생에서 가장 행운이라고 여긴다. 시인이 아니었으면 어이 1행시를 얻는 행운을 가졌으랴.

계간문예시인선 127

강우식 짧은시집_ 가을 인생

초판 인쇄 | 2018년 2월 21일
초판 발행 | 2018년 2월 28일

—

지 은 이 | 강우식
회　　장 | 서정환
발 행 인 | 정종명
편집주간 | 차윤옥

—

펴낸곳 | 도서출판 **계간문예**
편집부 | 03132 서울 종로구 삼일대로 30길 21 종로오피스텔 808호
주소 | 03132 서울 종로구 삼일대로 32길 36 운현신화타워 305호
전화 | 02-3675-5633, 070-8806-4052
팩스 | 02-766-4052
이메일 | munin5633@naver.com
등록 | 2005년 3월 9일 제300-2005-34호
ISBN 978-89-6554-175-2 04810
ISBN 978-89-6554-118-9 (세트)

—

값 10,000원

—

잘못 만들어진 책은 바꾸어 드립니다.

이 도서의 국립중앙도서관 출판예정도서목록(CIP)은 서지정보유통지원시스템 홈페이지(http://seoji.nl.go.kr)와 국가자료공동목록시스템(http://www.nl.go.kr/kolisnet)에서 이용하실 수 있습니다. (CIP제어번호: CIP2018006183)